50 Ricette Per Dolci Proteici Per Il Controllo Del Peso:

Accelera L'incremento Della Massa Muscolare Senza Pillole O Supplementi Di Creatina

di

Joseph Correa

Nutrizionista Sportivo Certificato

DIRITTI D'AUTORE

© 2016 Correa Media Group

Tutti i diritti riservati

La riproduzione o la traduzione di qualsiasi parte di questo lavoro al di là di quanto consentito dalla sezione 107 o 108 degli Stati Uniti Copyright 1976, senza l'autorizzazione del titolare dei diritti è illegale.

La presente pubblicazione è stata progettata per fornire informazioni accurate e autorevoli in materia di Il tema trattato viene venduto con la consapevolezza che né l'autore né l'editore si impegnano a fornire consulenza medica. In caso di consultazione o di assistenza medica, consultare un medico. Questo libro è considerato una guida e non deve essere utilizzato in alcun modo che possa essere dannoso per la salute. Consultare un medico prima di iniziare questo piano nutrizionale per assicurarsi che sia giusto per te.

RINGRAZIAMENTI

Alla mia famiglia che ha reso possibile la realizzazione ed il successo di questo libro.

50 Ricette Per Dolci Proteici Per Il Controllo Del Peso:

Accelera L'incremento Della Massa Muscolare Senza Pillole O Supplementi Di Creatina

di

Joseph Correa

Nutrizionista Sportivo Certificato

CONTENUTI

Diritti d'autore

Ringraziamenti

Cenni sull'autore

Introduzione

50 Ricette Per Dolci Proteici Per Il Controllo Del Peso: Accelera L'incremento Della Massa Muscolare Senza Pillole O Supplementi Di Creatina

Altri grandi titoli dell'autore

CENNI SULL'AUTORE

Come nutrizionista sportivo certificato e atleta professionista, sono fermamente convinto che una corretta alimentazione ti aiuterà a raggiungere i tuoi obiettivi più velocemente e in modo efficace. La mia conoscenza ed esperienza mi ha aiutato a vivere in modo più sano nel corso degli anni che ho condiviso con la famiglia e gli amici. Quanto più si sa di mangiare e bere in modo sano, tanto prima si vorrà cambiare la tua vita e abitudini alimentari.

Avere successo nel controllare il peso è importante in quanto permetterà di migliorare tutti gli aspetti della tua vita.

La Valori nutritivi è una parte fondamentale nel processo per ottenere una forma migliore e questo è tutto ciò che è contenuto nel libro.

INTRODUZIONE

50 Ricette Per Dolci Proteici Per Il Controllo Del Peso: Accelera L'incremento Della Massa Muscolare Senza Pillole O Supplementi Di Creatina.

Questo libro ti aiuterà ad aumentare la quantità di Proteine che si consumano al giorno per contribuire ad aumentare la massa muscolare. Questi pasti contribuiranno ad aumentare il muscolo in maniera organizzata con l'aggiunta di grandi porzioni sane di Proteine alla tua dieta. Essere troppo occupato a mangiare correttamente a volte può diventare un problema ed è per questo che questo libro ti farà risparmiare tempo e contribuirà a nutrire il tuo corpo per raggiungere gli obiettivi che desideri. Assicurati di sapere cosa stai mangiando per prepararartelo da solo o avere qualcuno che lo prepara per te.

Questo libro ti aiuterà a:

- Incrementare la muscolatura velocemente.

- Avere più energia.

- Mangiare con gusto.

- Accelerare il tuo metabolismo in modo naturale per avere più muscoli.

- Migliorare Il tuo sistema digestivo.

Joseph Correa è un nutrizionista sportivo certificato ed un atleta professionista.

50 RICETTE PER DOLCI PROTEICI PER IL CONTROLLO DEL PESO

1. Tortino alla quinoa vegetariana ricca di proteine

Ingredienti:

Quinoa - 135 g allo stato secco

Zucchine - 200 g tritate finemente (cubetti di 3-4 mm)

Carote - 100 g tritate finemente (cubetti di 3-4 mm)

Albume liquido - 200 g (circa 6 uova)

Farina integrale - 40 g

Scalogno (o cipolla normale) - 30 g

Aglio - 10 g

Morbido formaggio contadino - 125 g (è possibile utilizzare la mozzarella o formaggio cheddar, ma a basso contenuto di grassi)

Sale, pepe, spezie a piacere

Olio d'oliva - 2-3 g (sopra il tortino)

Metodo di preparazione:

1. Far bollire la quinoa.

2. Mettere la casseruola in forno e riscaldarlo fino a 180 C. Il vassoio deve essere ben caldo su entrambi I lati per permettere una doratura ottimale alla torta.

3. Tagliare le carote e le zucchine a dadini; Tritare la cipolla e l'aglio.

4. Grattugiare il formaggio.

5. Montare gli albumi a neve e aggiungere 100 g di formaggio grattugiato. Il resto del formaggio (25 g) viene utilizzato spolverizzato sulla superficie della torta.

6. Aggiungere verdure tritate, quinoa, sale, pepe e spezie. Mescolare accuratamente.

7. Mescolare tutto insieme con la farina integrale.

8. Estrarre la casseruola calda dal forno, aggiungere l'olio e versare l'intera miscela cercando di riempire per bene la teglia. Spolverizzare i 25 g di formaggio.

9. Infornare a 180° C per 40 minuti circa, a seconda del forno.

Valori nutrizionali per 1/4 della torta:

Calorie 267

Proteine 20,5 g

Grasso 4,25 g

Carboidrati 34,25 g

2. Gelato allo yogurt

Ingredienti:

Yogurt magro naturale - 500 ml

Latte scremato - 300 ml

Latte in polvere - 3 cucchiai

Zucchero - 4 cucchiai

Lamponi (è possibile utilizzare altri frutti di bosco, a piacere)

Alcune gocce di arancia

Metodo di preparazione:

1. Mescolare lo zucchero e il latte in polvere in una casseruola, versare il latte intero, e far bollire a fuoco lento.

2. Mescolare con lo yogurt, versare le gocce d'arancia. L'olio è usato come additivo del sapore, ed è facoltativo.

3. Mescolare il tutto e mettere in freezer. Non dimenticare di mescolare di tanto in tanto il composto fino a quando sarà completamente congelato.

4. Schiacciare i lamponi o altre bacche e utilizzare questa miscela per decorare il gelato prima di servire.

Valore nutrizionale:

I lamponi contengono vitamine come A, B1, B2, B5, B6, C, E, e minerali come potassio, calcio, fosforo, magnesio, ecc. I lamponi conservano qualità utili anche dopo il trattamento termico, quindi, non perdono le loro sostanze nutritive.

Lo yogurt contiene una metà del valore giornaliero raccomandato di calcio, circa 10-14 g di proteine, riduce il livello di colesterolo "cattivo" e rafforza il sistema immunitario. Uno yogurt magro contiene meno di 1 g di grassi per 100 g di prodotto.

3. Frittelle di proteine alla vaniglia

Ingredienti:

Farina d'avena - 1/4 di tazza

Albume liquido - 1/2 tazza

Proteina alla vaniglia - 1/8 tazza

Cocco grattugiato - 1/4 di tazza

Latte di mandorla - 1/4 di tazza

Bicarbonato di sodio - 1/2 cucchiaino

Metodo di preparazione:

1. Mescolare tutti gli ingredienti insieme.
2. Imburrare la tortiera con olio.
3. Accendere I fuochi. Versare l'impasto nella tortiera calda. Abbassare la fiamma così le frittelle non rischieranno di bruciare.
4. Girare le frittelle quando si formano delle bolle in superficie.

Buon appetito!

Valore nutrizionale (per una porzione):

Calorie 564

Grasso 21 g

Carboidrati 39 g

Proteine 57 g

4. Budino di ricotta

Ingredienti:

Cagliata acida (4% -5% di grassi, o sgrassata) - 700 g

Latte scremato - 100 ml

Semola - 50 g

Uova - 3 pezzi

Lievito in polvere - 1 bustina (per 500 g di farina)

Dolcificante liquido per pasticceria - 5 ml

Burro per lo stampo - 3-5 g

Vaniglia, agente aromatizzante liquido - 1 porzione

Metodo di preparazione:

1. Versare il latte nel semolino e lasciarlo riposare per 7-10 minuti.

2. Tritare la cagliata acida nel mixer e renderla liscia. È possibile utilizzare un frullatore, o utilizzare cagliata senza zucchero.

3. Montare gli albumi ed i tuorli insieme in una schiuma compatta.

4. Aggiungere i 5 ml di dolcificante e 1 bustina di lievito in polvere per la cagliata, versare il semolino bagnato con il latte, la vaniglia liquida e le uova montate. Mescolare accuratamente. Aggiungere le uova sbattute e mescolare con cura.

5. Imburrare ed infarinare il fondo della teglia. È possibile utilizzare un grande piatto di cottura).

6. Stendere il composto nella teglia (o in piccoli stampini).

7. Mettere in forno riscaldato (160-170° C) sul piano più basso, se si utilizza un unico grande stampo. Cuocere per un'ora. Dopo 20 minuti coprire con un foglio di alluminio la parte superiore della torta. Nel caso in cui si utilizzino dei piccoli stampini, scaldare il forno fino a 150° C e cuocere la torta sul ripiano più basso per mezz'ora.

Valore nutrizionale (per tutto il prodotto):

Calorie 990

Proteine 100 g

Carboidrati 98 g

Grasso 40 g

5. Budino con formaggio Philadelphia

Ingredienti:

Cagliata acida (4% -5% di grassi) - 600 g

Philadelphia light - 100 g

Carota bollita - 200 g

Uova - 3 pezzi

Lievito in polvere - 1 bustina (per 500 g di farina)

Dolcificante liquido per pasticceria - 5 ml

Burro per lo stampo - 5 g

Metodo di preparazione:

1. Mescolare la cagliata nel frullatore o mixer.

2. Aggiungere il formaggio Philadelphia, il lievito e dolcificante per la cagliata.

3. Grattare le carote su una grande o media grattugia.

4. Far schiumare tuorli e albumi insieme.

5. Mescolare la ricotta e le carote e aggiungere le uova sbattute; mescolare accuratamente.

6. Ungere la teglia con il burro, e versare il composto. È possibile utilizzare qualsiasi padella, meglio utilizzarne una di silicone molto profonda, riempiendola fino a 2/3.

7. Mettere la teglia sul piano più basso del forno precedentemente riscaldato a 160-170° C. Dopo 10 minuti coprire la teglia con un foglio di alluminio, che aiuterà a preservare la parte superiore del budino. Dopo 30 minuti

mettere la teglia sul ripiano medio, e dopo altri 50 minuti togliere la carta stagnola e lasciare il budino a cuocere per altri 25 minuti. La cottura totale dovrebbe richiedere non più di 75 minuti. Alla fine, togliere il budino fuori dal forno e lasciarlo raffreddare.

8. Il modo migliore per raffreddare il budino è quello di metterlo in frigorifero tutta la notte, sarà più facile da tagliare quando raffreddato. Dopo il raffreddamento girare il budino a testa in giù e tagliarlo in porzioni. Dovrebbe apparire molto bello e appetitoso.

Valore nutrizionale (per tutto il budino):

Calorie 981

Proteine 91 g

Carboidrati 38 g

Grasso 49

6. Budino di cagliata con ciliegia

Ingredienti:

Cagliata acida (4% -5% di grassi) - 700 g

Latte scremato - 100 ml

Semola - 50 g

Uova - 3 pezzi

Lievito in polvere - 1 bustina (per 500 g di farina)

Dolcificante liquido per pasticceria - 5 ml

Ciliegie in succo (fresche o congelate) - 175 g

Burro per lo stampo - 3 - 5 g

Metodo di preparazione:

1. Versare il latte nel semolino e far riposare per 7-10 minuti.

2. Tritare la cagliata acida nel mixer e renderla liscia. È possibile utilizzare un frullatore, o utilizzare cagliata senza zucchero.

3. Montare i tuorli.

4. Montare gli albumi a neve.

5. Aggiungere 10 ml di dolcificante, 1 bustina di lievito in polvere, versare il semolino bagnato con latte e la schiuma di tuorli per la cagliata. Mescolare accuratamente. Aggiungere gli albumi e mescolare con cura.

6. Ungere la teglia con il burro e cospargere con semola. Versare la metà della pastella, poi coprire con ciliegie, poi

il resto della pastella e chiudere con un altro strato di ciliegie.

7. Mettere la teglia in forno preriscaldato (160-170° C) sul piano più basso. Dopo 10 minuti coprire il tegame con un foglio di carta. Dopo altri 30 minuti rimuovere la carta stagnola e porre la teglia sul ripiano medio; lasciar cuocere per 20-25 minuti.

8. Quando è pronto, far raffreddare il budino per circa 20 minuti, coprire con pellicola alimentare e mettere in frigorifero.

Valore nutrizionale per 1/4 del budino:

Calorie 270

Proteine 25.8

Carboidrati 17.3

Grasso 10.3

7. Frittelle di proteine con avena

Ingredienti:

Cagliata (50% di grassi) - 50 g

Latte Burro (kefir) - 50 ml

Avena in fiocchi - 25 g

Albume - 1 pezzo (35 g)

Proteine in polvere - 10 g

Olio d'oliva - 2 g

Metodo di preparazione:

1. Mescolare i fiocchi d'avena con latte burro e proteine, far riposare per circa 10 minuti, I fiocchi devono essere molli.

2. Dopo aver mescolato tutti gli ingredienti, versare la pastella a cucchiaiate sulla crêpière precedentemente riscaldata.

3. Quando sono pronte condire le frittelle con zucchero a velo o marmellata.

I fiocchi d'avena contengono acidi grassi saturi e insaturi, fibra alimentare, vitamine PP, E e minerali quali potassio, magnesio, calcio, fosforo, zolfo, ferro, iodio, rame e molti altri.

Valore nutrizionale per porzione:

Calorie 242

Proteine 23 g

Grasso 7 g

Carboidrati 19 g

8. Frittelle di cocco

Ingredienti:

Uova - 1 pezzo

Albume d'uovo - 2 pezzi

Farina di cocco - 25 g

Yogurt o panna acida light - 30 g

Olio di cocco (non purificato) - 5 g

Stevia - a piacere

Sale - 1 pizzico

Lievito - 1 cucchiaino

Metodo di preparazione:

1. Sbattere le uova e mescolarle con la stevia.

2. Aggiungere lo yogurt e mescolare accuratamente.

3. Scaldare l'olio di cocco (è possibile utilizzare un forno a microonde), versarlo nel composto di uova e mescolare accuratamente.

4. Aggiungere la farina di cocco, il lievito, il sale.

5. Lasciar riposare per alcuni minuti in modo che la farina assorba i liquidi.

6. Scaldare la padella, ungere leggermente con olio d'oliva; il fuoco deve essere basso.

7. Cuocere le frittelle come al solito, prima da un lato e poi dall'altro. È possibile scegliere il formato di frittelle a piacere.

È possibile aggiungere alcuni pezzi di banane o lamponi per le frittelle, in quanto sono molto ricchi di vitamine come A, B, C.

L'olio di cocco è ricco di vitamine A, E, B1, B2, B3, K e C, e sali minerali come ferro, potassio, calcio, fosforo, ecc.

Valore nutrizionale per porzione:

Calorie 343

Proteine 21 g

Grasso 15 g

Carboidrati 4 g

Fibra alimentare - 12 g

Zucchero - 3 g

9. Torta di carote e zucchine

Ingredienti:

Teglia 21-22 cm di diametro e 4,5 cm di altezza

Farina di grano integrale - 350 g

Carote (grigliate) - 360 g

Zucchine (grigliate) - 180 g

Uova di gallina - 4 pezzi

Olio d'oliva - 60 g

Lievito in polvere o soda - 1 cucchiaino pieno

Cannella in polvere - 1 cucchiaino pieno

Stevia cristallizzata - 2 cucchiai (o qualsiasi altro dolcificante a piacere)

Crema di formaggio magro per lo stampo - 100 g (ad esempio, Philadelphia light)

Metodo di preparazione:

1. Grattugiare finemente le carote e le zucchine.

2. Mescolare la farina di grano integrale con lievito in polvere e cannella; senza sale.

3. Mescolare le uova con l'olio di oliva e di stevia; mescolare con verdure grattugiate.

4. Aggiungere la miscela secca di farina, bicarbonato e cannella. Mescolare il tutto accuratamente.

5. Inserire una carta da forno (21 cm di diametro) nella teglia rotonda. Meglio ungerla leggermente.

6. Versare con cautela la miscela nel piatto, coprendo l'intero fondo.

7. Cuocere la torta a 180 ° C per 45-50 minuti.

8. Raffreddare la torta e ingrassare la superficie con formaggio cremoso Philadelphia light.

Le carote sono molto utili grazie alle vitamine A, B, B3, B6, C, E, K e minerali come potassio, magnesio, calcio, fosforo, sodio, rame, boro, fluoro, ecc.

La zucchina è ricca di potassio, fibre, fosforo e calcio, nonché di vitamine A e C.

Valore nutrizionale per 1/4 della torta:

Calorie 540

Proteine 17,5 g

Grassi 19,8 g

Carboidrati 74.2 g

Fibra alimentare 12.7 g

Zucchero 4,7 g

10. Pan di zenzero con cocco, zucchini e banane

Ingredienti:

Farina di cocco (o di mandorle) - 50 g

Latte magro al 2,5% - 50 ml

Uova di gallina - 3 pezzi

Banane - 85 g

Zucchine - 85 g

Olio di noci o di oliva - 8 g

Zenzero in polvere - 1 cucchiaino da tè (o grattugiare lo zenzero fresco)

Lievito in polvere (o bicarbonato) - 1 cucchiaino

Un pizzico di sale

Metodo di preparazione:

1. Preriscaldare il forno a 190° C.

2. Grattugiare gli zucchini finemente, schiacciare la banana con una forchetta; mescolare il tutto accuratamente.

3. Sbattere le uova.

4. Mescolare la farina di cocco con il sale, il lievito e lo zenzero in polvere, o aggiungere zenzero fresco e zucchine grattugiate finemente.

5. Aggiungere la farina nelle uova sbattute, mescolare accuratamente; frullare il composto con zucchine e banane e aggiungere 50 ml di latte. Mescolare e aggiungere l'olio di noci o olio d'oliva.

6. Mettere la carta da forno in una teglia e versare la pasta.

7. Cuocere in forno a 190° C per 40 minuti, fino a quando la cima ed i lati del pane saranno leggermente dorati.

Si tratta di un pane fantastico!

In primo luogo, esso contiene pochi carboidrati, in secondo luogo, ci sono un sacco di proteine e fibre. È come una torta, ma senza il burro.

Valore nutrizionale per un panetto (circa 480 g):

Calorie 62,7

Proteine 32 g

Grasso 27 g

Carboidrati 37 g

Fibra alimentare 4 g

11. Muffin al cocco

Ingredienti:

Uova - 2 pezzi

Albume d'uovo - 3 (aprox.105 g)

Farina di cocco puro - 50 g

Olio di cocco Extra Vergine - 20 g (sciolto nel microonde per 30 sec.)

Stevia o polvere di stevia (può essere cristallizzata o liquida) - 1 cucchiaio

Lievito in polvere (o soda) - 1 cucchiaino pieno

Latte scremato - 100 g

Metodo di preparazione:

1. Preriscaldare il forno a 190° C.
2. Mescolare la farina, il lievito, la stevia ed il cocco.
3. Montare gli albumi.
4. Montare le uova.
5. Aggiungere la cagliata, la farina, il lievito e la stevia alle uova sbattute, mescolando con cura.
6. Far sciogliere l'olio di cocco nel forno a microonde.
7. Mescolare insieme la miscela, gli albumi montati e l'olio di cocco sciolto. L'impasto deve essere friabile perché la farina di cocco assorbe tutti i liquidi grazie alla fibra.

8. Mettere l'impasto nei pirottini per muffin (circa 66 grammi in ogni forma). Premere delicatamente l'impasto.

9. Cuocere in forno a temperatura media per circa 25 minuti.

La farina di cocco è ricca di vitamine come A, C, E, D e B, e minerali come potassio, magnesio, iodio, cobalto e nichel. Essa contiene un sacco di fibre e proteine. Il consumo di farina di cocco migliora il metabolismo, stimola la digestione, ha un effetto positivo sulla pelle e riduce il rischio di trombosi.

La porzione contiene 6 muffin.

Valore nutrizionale per porzione:

Calorie 556

Proteine 45 g

Grasso 37 g

Carboidrati 5 g

Fibra alimentare 30 g

12. Frittelle di proteine e grano

Ingredienti:

Latte scremato - 720 ml

Uova - 3 pezzi

Burro - 50 g

Farina integrale (anche raffinata) - 210 g

Farina bianca - 50 g

Proteine Optimum Nutrition (SAN, UNIVERSAL, TWINLAB - quella che si usa) - 70 g

Sale q.b.

Stevia in polvere - 1 cucchiaino

Acqua bollente - 120 ml

Metodo di preparazione:

1. In primo luogo sciogliere il burro in forno a microonde e scaldare il latte; montare le uova.

2. Mescolare le farine.

3. Mescolare la proteina e la stevia. Questo è il modo in cui dovrebbe essere trattata la bioproteina.

4. Mescolare le uova sbattute con il latte e la farina, aggiungere il sale a piacere; aggiungere la proteina con la stevia nella pasta e mescolare il tutto con cura. Versare il burro fuso e lasciar riposare la miscela per 20-30 minuti a temperatura ambiente. Prima di iniziare la cottura versare 120 ml di acqua bollente nella pasta.

5. Cuocere la frittella in una padella, ma non ungere la teglia. Versate un mestolo pieno di pastella e rovesciarla rapidamente sul piatto.

È un'idea perfetta per la colazione. Si può farcire con ricotta e versare un po' di marmellata sulle frittelle. Come cena, invece, è possibile aggiungere un po' di ripieno di carne e panna acida.

Valore nutrizionale per porzione (2 frittelle):

Calorie 246

Proteine 17 g

Grasso 7 g

Carboidrati 28 g

13. Frittelle PROTEINE POW

Ingredienti:

Farina d'avena - 1/4 di tazza

Albumi liquidi - 1/2 tazza

Proteina alla vaniglia - 1/8 tazza

Cocco grattugiato - 1/4 di tazza

Latte di mandorla - 1/4 di tazza

Bicarbonato di sodio - 1/2 cucchiaino

Metodo di preparazione:

1. Mescolare tutti gli ingredienti insieme.

2. Spruzzare la padella con l'olio e accendere il fuoco basso.

3. Quando la padella è rovente, versare la pastella in piccole porzioni, e mantenere la fiamma bassa per non bruciarla.

4. Girare le frittelle con una spatola quando diventano marroncine.

Se lo si desidera, si può versare un po' di miele sulle frittelle cotte.

Il miele è ricco di vitamina B (B1, B2, B6 e B9), così come C, E, H, A, D; contiene minerali come potassio, fosforo, magnesio, sodio, iodio, ecc. Il miele ha un'azione antibatterica, antimicotica e antivirale, migliora la digestione, la condizione delle ossa e dei denti.

Il latte di mandorla contiene potassio, calcio, magnesio, zinco, ferro, selenio, fibra alimentare; vitamine B2, B3, A, B-carotene.

Valore nutrizionale per porzione (alcune frittelle):

Calorie 564

Proteine 57 g

Grasso 21 g

Carboidrati 39 g

14. Frittella mirtilli e cannella

Ingredienti:

Albume d'uovo - 6 pezzi

Farina d'avena - 1/2 tazza

Lievito - 1 cucchiaino

Latte di mandorla - 1/2 tazza

Un pizzico di sale

Dolcificante artificiale in polvere - 2 pizzichi

Mirtilli - 1/4 di tazza

Succo di mela - 1/2 tazza

Cannella - 1 pizzico

Metodo di preparazione:

1. Mettere albumi, farina d'avena, lievito, latte di mandorla, sale e dolcificante artificiale nel frullatore, e mescolare per 30 secondi a velocità media.

2. Spruzzare la padella con l'olio (olio di girasole o burro, a piacere), versare l'impasto e la metà dei mirtilli. Cuocere come le normali frittelle – prima da un lato poi dall'altro fino a completa doratura.

Una volta pronto, servire con salsa di mele e cannella.

Queste frittelle sono non solo molto deliziose, ma anche salutari. I mirtilli contengono un sacco di fibre alimentari, potassio, calcio, sodio, magnesio, ferro, vitamina C, acido pantotenico, glucoside, ecc. I mirtilli contribuiscono al recupero della vista, riducono il rischio di glaucoma e di cataratta, migliorano il metabolismo, e regolano l'intestino.

Valore nutrizionale per porzione (alcune frittelle):

Calorie 334

Proteine 30 g

Grasso 4 g

Carboidrati 48 g

15. Kefir con vaniglia e burro di arachidi

Ingredienti:

Farina bianca - 1 tazza

Farina d'avena - 1 tazza

Lievito - 1.5 cucchiaino

Sale - 0.5 cucchiaino

Kefir - 2 tazze

Latte scremato - 1/2 tazza

Estratto di vaniglia - 1 cucchiaino

Tuorlo d'uovo - 1 pezzo

Albume d'uovo - 2 pezzi

Burro di arachidi - 3 cucchiai

Frutti di bosco freschi - 1 tazza

Metodo di preparazione:

1. Sbattere insieme un uovo e 2 albumi.

1. Mescolare farina, farina d'avena, lievito e sale in una ciotola grande, e il kefir, latte, estratto di vaniglia e l'uovo sbattuto in un'altra ciotola. Unire i due composti e mescolare insieme fino a creare una pasta omogenea.

2. Scaldare la padella a fuoco lento e spruzzare con olio. Versare la pastella sul piatto con un grande cucchiaio; cuocere le frittelle per 1-2 minuti su un lato e 1-2 minuti su un altro lato fino a doratura.

3. Far sciogliere il burro di arachidi in un forno a microonde per 20-30 secondi, quindi ingrassare le frittelle con esso. Decorare le frittelle con frutti di bosco.

Il burro di arachidi ha un alto valore nutritivo, è pieno di vitamine A, E, B1, B2, B3, B4, B5, B8, B9, macro e microelementi come potassio, magnesio, fosforo, ferro, zinco, iodio, cobalto, ecc., acido oleico monoinsaturo. Il burro di arachidi rafforza il sistema immunitario, migliora la funzione cardiaca e dei vasi sanguigni, migliora il funzionamento dei sistemi riproduttivi e nervosi, e normalizza i livelli di colesterolo nel sangue.

Valore nutrizionale per porzione (alcune frittelle):

Calorie 584

Proteine 28 g

Grasso 15 g

Carboidrati 81 g

16. Frittelle mandorla zafferano e cardamomo

Ingredienti:

Uovo - 1 pezzo

Albume d'uovo - 3 pezzi

Latte di mandorla - 180 ml

Estratto di vaniglia - 1/2 cucchiaino

Cagliata - 50-70 g

Viticci di zafferano - 5-7 pezzi

Cardamomo - 1/3 cucchiaino

Farina di mandorle - 1 cucchiaio (circa 13 g)

Farina di cocco - 1 cucchiaio

Psillio (fibre alimentari di piantaggine) - 2 cucchiai

Lievito - 1 cucchiaino

Stevia - 1/3 cucchiaino

Metodo di preparazione:

1. Tenere le uova fuori dal frigo.

2. Scaldare il latte fino a renderlo caldo, aggiungere zafferano e cardamomo, e mescolare insieme.

3. Mescolare accuratamente tutti gli ingredienti secchi (farina di mandorle, farina di cocco, psillio, lievito e stevia).

4. Montare le uova con una frusta (un uovo e tre albumi), aggiungere il latte con le spezie e altri ingredienti umidi (cagliata, estratto di vaniglia); agitare con cautela.

5. Mescolare le due miscele utilizzando un frullatore e lasciare la pastella per circa 20 minuti di riposo.

6. Cuocere le frittelle su entrambi i lati fino a doratura leggera a fuoco lento con olio per la padella.

È anche possibile preparare un po' di contorno, ad esempio utilizzando del mango: la metà tritata di un mango maturo, cocco grattugiato, arachidi e salsa di cocco - frullare il tutto accuratamente e decorare le frittelle.

Contorno con frutti di bosco: tutti I frutti a piacere, cagliata e crema di tofu, mandorle in un frullatore fino ad ottenere una consistenza cremosa, servire con le frittelle.

Valore nutrizionale per porzione (5-6 frittelle):

Calorie 240

Proteine 22 g

Grasso 12 g

Carboidrati 16 g

Fibra alimentare 9 g

Zucchero 3 g

17. Torta di farina d'avena con panna e noci

Ingredienti secchi:

Farina d'avena - 40 g (circa 4 cucchiai colmi)

Mirtilli - 1 cucchiaio

Cannella - 1/3 cucchiaino

Spezie per ricette con la zucca (cannella, chiodi di garofano, noce moscata, zenzero) - 1/4 cucchiaino

Lievito - 1/4 cucchiaino

Bicarbonato di sodio - 1/8 cucchiaino

Ingredienti umidi:

Albume d'uovo - 1 pezzo

Latte - 2 cucchiai

Succo di mela non zuccherato - 1 cucchiaio, o olio di cocco / d'oliva - 1 cucchiaino

Estratto di vaniglia - 1/2 cucchiaino

Carote - 1/2 pezzi

Crema:

Banana congelata - 1/4 pezzi

Cagliata magra - 100 g

Estratto di vaniglia - 1/4 cucchiaino

Estratto di banana - 1 goccia (non necessario)

Dolcificante naturale a piacere

Miele - 1 cucchiaio

Metodo di preparazione:

1. Cuocere la carota in una pirofila, in anticipo.

2. Preriscaldare il forno e mettere dentro una teglia 7-8 cm di diametro con un buon rivestimento antiaderente.

3. Mescolare accuratamente tutti gli ingredienti secchi per la torta.

4. Schiacciare la carota cotta con una forchetta, dividerla in due parti - una per la decorazione.

5. Mescolare accuratamente tutti gli ingredienti umidi, e mescolare insieme entrambe le miscele.

6. Versare l'impasto nella teglia preriscaldata e premere delicatamente con un cucchiaio. Cuocere per circa 20-25 minuti a 180° C. Prendersi cura dell'impasto, tutti i forni funzionano in modo diverso, non lasciare che la torta bruci. Lo strato superiore della torta deve essere né asciutto né bagnato, ma con una crosta leggermente marrone.

7. Montare tutti gli ingredienti per la crema in un frullatore, ottenendo una crema omogenea.

8. Estrarre la torta dal forno e lasciarla raffreddare nella teglia per 7-10 minuti; affettare con cura

9. Dividere la torta in due parti. Disporre 1/3 della crema su una parte della torta, mettere l'altra parte sulla parte superiore e spalmare resto della crema. È possibile spolverare con un po' di noci sulla parte superiore se non si è a dieta.

Valore nutrizionale per tutta la torta:

Calorie 336

Proteine 30 g

Grasso 6 g

Carboidrati 42 g

Fibra alimentare 8 g

Zucchero 4 g

18. Biscotti con uva passa e noci

Ingredienti:

Cagliata - 250 g

Farina d'avena - 150 g

Banane - 1 parte

Uvetta o albicocche secche - 50 g

Noci - 30 g

Semi di papavero, o noce di cocco grattugiata

Metodo di preparazione:

1. Mescolare insieme la cagliata e le banane per bene.

2. Aggiungere farina d'avena, uva passa, noci e impastare la miscela.

3. Lasciare l'impasto in frigorifero per 1 ora.

4. Toglierlo dal frigo, formare delle palline, rotolarle nei semi di papavero o nel cocco e spostarle sopra una teglia da forno precedentemente rivestita di carta da forno.

5. Preriscaldare il forno a 180° C e cuocere i biscotti per 15 minuti.

La noce contiene aminoacidi liberi, vitamina A, vitamine E, PP, K, C, gruppo B, minerali come iodio, ferro, zinco, fosforo, ecc. Le noci riducono il rischio di malattie cardiovascolari e la pressione sanguigna, rafforzano il tessuto osseo, forniscono energia, attivano l'attività cerebrale, e sono usate nel trattamento delle malattie della tiroide.

Valore nutrizionale per porzione (150 g):

Calorie 250,5

Proteine 15 g

Grassi 6,9 g

Carboidrati 34.5 g

19. Muffin al cocco

Ingredienti:

Cagliata magra - 300 g

Albume d'uovo - 8 pezzi

Tuorli - 2 pezzi

Stevia in polvere - 4 cucchiai pieni

Olio di cocco - 20 g

Olio d'oliva - 20 g

Farina di cocco - 100 g

Estratto di noce di cocco naturale - 3 gocce

Lievito (doppia azione) - 1.5 cucchiaino

Metodo di preparazione:

1. Mescolare insieme dolcificante, lievito e farina.

2. Montare a neve gli albumi e sbattere I tuorli.

3. Mescolare le uova e gli ingredienti secchi a fondo.

4. Preriscaldare il forno a 180° C.

5. Aggiungere l'olio alla pastella, quindi versare l'estratto di noce di cocco.

6. Versare la pasta nella tortiera; mettere in forno per circa 30 minuti.

Si possono decorare i muffin con un po' di salsa al cioccolato: mescolare insieme 1 cucchiaino di cacao in polvere, 2 cucchiaini di olio di arachidi, 1 cucchiaino di stevia e del latte di mandorla senza zucchero.

Valori nutrizionali per 2 muffin:

Calorie 99

Proteine 20 g

Grasso 10 g

Carboidrati 16 g

Fibra alimentare 4 g

20. Cocktail di arancia e proteine

Ingredienti:

Succo d'arancia - 100 ml

Yogurt magro - 100 ml

Una manciata di scaglie di buccia d'arancia

Metodo di preparazione:

1. Mescolare accuratamente tutti gli ingredienti in un frullatore fino ad ottenere una miscela omogenea.

Meglio usare un succo raffreddato, per avere un cocktail rinfrescante.

L'arancia contiene un sacco di vitamina C, quindi è utile bere cocktail al mattino per guadagnare forza per il resto della giornata.

Il succo d'arancia è molto ricco di vitamine A, B, C, K ed E, e minerali come potassio, calcio, fosforo, rame, ferro, zinco, ecc.

Valori nutrizionali:

Calorie 198

Proteine 23 g

Grasso 1 g

Carboidrati 40

21. Cocktail di melograno e proteine

Ingredienti:

Succo di melograno - 170 ml

Albume d'uovo - 75 g

Yogurt magro - 180 g

Mix di frutti di bosco surgelati - 170 g

Metodo di preparazione:

1. Mescolare accuratamente tutti gli ingredienti in un frullatore fino ad ottenere una miscela omogenea.

Meglio usare un succo raffreddato, per avere un cocktail rinfrescante.

Il melograno è molto ricco di vitamine PP, A, B1, B5, B6, C, E, e minerali come calcio, magnesio, sodio, ecc.

I frutti di bosco sono una buona combinazione per questo cocktail dato che forniscono vitamine come PP, C, E, A, B9, H, e minerali come calcio, magnesio, sodio, potassio, cloro, zolfo, fosforo, ecc.

Valori nutrizionali:

Calorie 508

Proteine 19 g

Grasso 2 g

Carboidrati 70

22. Cocktail al mirtillo rosso e mandorle

Ingredienti:

Succo di mirtillo rosso - 100 ml

Mandorle - 2 cucchiai pieni

Yogurt magro - 3 cucchiai

Metodo di preparazione:

1. Mescolare accuratamente tutti gli ingredienti in un frullatore fino ad ottenere una miscela omogenea.

Il succo di mirtilli rosso è molto ricco di vitamine PP, A, C, B9, E, e minerali come calcio, magnesio, sodio, zolfo, ecc. Le mandorle sono piene di vitamine A, B1, B2, B6, B9, PP, E e C.

Questo cocktail migliorerà la giornata!

Valori nutritivi:

Calorie 346

Proteine 15

Grasso 22 g

Carboidrati 27 g

23. Cocktail proteico magro

Ingredienti:

Latte scremato - 340 ml

Yogurt magro - 1 tazza da tè

Semi di lino - 1 cucchiaio

Fragole - 0,5 bicchiere

Metodo di preparazione:

1. Lavare e pulire le fragole.

2. Mescolare insieme tutti gli ingredienti - in primo luogo il latte con lo yogurt, quindi aggiungere i semi di lino e le fragole, mescolar per bene.

I semi di lino sono molto utili grazie alle vitamine B1, B3, un elevato livello di vitamina B9, K, PP, e minerali come magnesio, potassio, fosforo, rame, manganese. La fibra alimentare di semi di lino aiuta a perdere scorie e tossine; questi semi sono spesso utilizzati nelle diete.

Valori nutritivi:

Calorie 306

Proteine 33 g

Grasso 3 g

Carboidrati 36 g

24. Cocktail proteico con cacao

Ingredienti:

Cagliata - 300 g

Latte scremato - 200 ml

Acqua - 100-200 ml

Cacao - 1 cucchiaio

Metodo di preparazione:

1. Utilizzando un frullatore o un mixer mescolare insieme l'acqua e latte, quindi aggiungere la cagliata, infine la polvere di cacao; mescolare insieme fino ad ottenere una miscela omogenea.

Si possono aggiungere alcune noci che aumenteranno il valore proteico e aggiungeranno un sapore particolare.

Buon appetito!

Il cacao è utile per il sistema cardiovascolare in quanto riduce il tappo piastrinico, ha proprietà antiossidanti, e influenza il metabolismo. Il cacao migliora il flusso di sangue al cervello e riduce la pressione arteriosa. Il consumo regolare di cacao favorisce il normale funzionamento della pelle e la mantiene quindi sostanzialmente giovane.

Valori nutritivi:

Calorie 320

Proteine 48 g

Grassi 0 g

Carboidrati 26

25. Cocktail proteico kiwi e miele

Ingredienti:

Latte di mandorla - 300 ml

Kefir magro - 200 ml

Kiwi - 1 pezzi

Miele - 1-2 cucchiai

Metodo di preparazione:

1. Lavare, pelare e affettare il kiwi a piccoli pezzi.

2. Scaldare leggermente il miele.

3. Utilizzando un frullatore o un mixer mescolare insieme il latte di mandorla ed il kefir, aggiungere il kiwi a fette e il miele; mescolare il tutto per bene.

Il kiwi è ricco di vitamine A, B9, C, e sali minerali come potassio, calcio, cloro, rame, boro, fluoro, ecc.

Il kiwi rafforza il sistema immunitario umano, aumenta le funzioni rigenerative, e la resistenza allo stress dell'organismo.

Valori nutritivi:

Calorie 265

Proteine 21 g

Grasso 10 g

Carboidrati 17 g

26. Barretta proteica dolce con burro di arachidi

Ingredienti:

Farina di arachidi - 1/3 di tazza

Proteine alla vaniglia - 1 cucchiaino pieno

Latte di mandorla - 100 ml

Mandorle - 1 manciata

Farina di cocco - 2 cucchiai

Cioccolato fondente - 3-4 pezzi

Metodo di preparazione:

1. Mescolare tutti gli ingredienti in una ciotola ad eccezione del cioccolato, e comporre una pasta. Se l'impasto è troppo liquido o colloso, aggiungere più farina di cocco.

2. Formare rettangoli di pasta.

3. Sciogliere il cioccolato a bagnomaria e immergere le barrette rettangolari nel cioccolato fuso; posizionarle sopra uno stampo in silicone o sulla carta stagnola.

Ottime!

La farina di arachidi contiene molta vitamina PP, B1, B5, B9, B4, e minerali, ferro, manganese, rame, selenio, zinco, ecc. Le arachidi migliorano la memoria, la concentrazione ed il sistema nervoso, previene le malattie del sistema cardiovascolare, riduce il rischio di attacco di cuore, e aiuta a normalizzare la pressione sanguigna e il metabolismo.

Valori nutritivi:

Calorie 197

Proteine 18 g

Carboidrati 9 g

Grasso 10 g

27. Gelato alle proteine

Ingredienti:

Latte di mandorla non zuccherato - 1 tazza

Proteine alla vaniglia - 1.5 misurino

Sciroppo caramellato - 2 cucchiai

Sale marino - 1 pizzico

Metodo di preparazione:

1. Mescolare il latte di mandorla e le proteine in polvere in un frullatore fino ad ottenere un composto omogeneo.

2. Versare il composto nel congelatore.

3. Dopo 10 minuti, aggiungere 1 cucchiaio di sciroppo caramellato e mescolare insieme.

4. Mescolare per circa 10 minuti per donare la giusta consistenza al gelato.

5. Spostare il gelato su un piatto e versare il resto dello sciroppo caramellato in cima ad esso.

Buon appetito!

Il caramello è ricco di vitamine E e PP, e minerali come potassio, magnesio, sodio, calcio, fosforo e ferro. Il caramello dolce riduce la depressione e migliora l'umore.

Valori nutritivi:

Calorie 235

Proteine 35 g

Carboidrati 8 g

Grassi 8 g

28. Gelato al cioccolato

Ingredienti:

Proteine al cioccolato - 3 misurini

Yogurt Greco magro (o qualsiasi altro yogurt light) - 0,5 tazza

Latte di mandorla vanigliato senza zucchero - 1 tazza

Olio di Mandorle - 1 cucchiaino

Metodo di preparazione:

1. Mescolare tutti gli ingredienti finché non si ottiene un composto liscio.

2. Versare il composto nel congelatore per circa 20 minuti.

3. Una volta pronto, servire su un piatto aggiungendo alcune banane a fette e sciroppo caramellato, o un po' caffè espresso.

Il cioccolato contiene antiossidanti ed è noto per rallentare l'invecchiamento, impedendo lo sviluppo di tumori e malattie del sistema cardiovascolare. Il cioccolato è ricco di minerali come calcio, magnesio, zinco, potassio, ferro e minerali PP, E e un po' di B2.

Valori nutritivi:

Calorie 183

Proteine 29 g

Carboidrati 6 g

Grasso 5 g

Fibra alimentare 2 g

Zucchero 2 g

29. Gelato ai frutti di bosco

Ingredienti:

Mirtilli freschi / lamponi / fragole / more - 1 tazza

Acqua pura - 2 cucchiai

Estratto di vaniglia - 1 cucchiaino

Latte di mandorla al cacao senza zucchero - 1 tazza

Proteine al cioccolato - 0,5 tazza

Olio di Mandorle - 1 cucchiaio

Yogurt Greco magro (o qualsiasi altro yogurt light) - 0,5 tazza

Metodo di preparazione:

1. Mettere i frutti di bosco in una pentola e lessarli a fuoco lento fino a quando diventa sciroppo (circa 10-15 minuti).

2. Togliere dal fuoco e versare l'estratto di vaniglia; mescolare e lasciar riposare per un po'.

3. Mescolare latte, proteine in polvere, olio e yogurt a fondo; aggiungere una metà della salsa ai frutti di bosco.

4. Mettere il composto nel congelatore per circa 20 minuti.

5. Quando è pronto servire il gelato su un piatto e decorarlo con il resto della salsa.

Buon appetito!

Valori nutritivi:

Calorie 246

Proteine 24 g

Carboidrati 19 g

Grasso 9 g

30. Gelato al limone

Ingredienti:

Cagliata - 170 g

Latte - 100 ml

Albume d'uovo - 2 pezzi

Proteine al limone - 1 cucchiaio

Succo di limone - 1 cucchiaino

Scorza di limone - 1 limone

Metodo di preparazione:

1. Montare a neve gli albumi.
2. Aggiungere latte, cagliata, proteine in polvere e scorza di limone; mescolate accuratamente.
3. Mettere la crema nel congelatore per circa 20 minuti.
4. Servire con una fetta di limone e qualche foglia di menta.

Il limone è uno dei più utili frutti, ricco di vitamine. Questo frutto amaro ha forti proprietà antisettiche. Il succo di limone è consigliato contro l'arteriosclerosi, le malattie renali come I calcoli, disturbi metabolici, la febbre. Questo meraviglioso frutto aumenta l'appetito, migliora la digestione, aiuta a ridurre i livelli di colesterolo nel sangue.

Il limone è molto ricco di vitamine, per esempio PP, A, B5, C, B9, E, e minerali come calcio, potassio, fosforo, magnesio, sodio, zolfo, rame, boro, fluoro, molibdeno, ecc.

Valori nutritivi:

Calorie 353

Proteine 33 g

Grasso 22 g

Carboidrati 12 g

31. Gelato al rum

Ingredienti:

Proteine in polvere - 1 cucchiaio

Cagliata - 120 g

Latte magro - 150 ml

Albume d'uovo - 2 pezzi

Dolcificante - q.b. (o 1 cucchiaino di miele)

Uvetta - 10 g

Marmellata di fragole - 20 g

Metodo di preparazione:

1. Bagnare l'uvetta nel rum.

2. Montare gli albumi a neve; aggiungere la proteina in polvere, edulcorante (o miele), cagliata e latte e mescolare insieme accuratamente.

3. Mettere il composto in congelatore per circa 30-40 minuti. 10 minuti prima che il gelato sia pronto aggiungere l'uvetta e la marmellata di fragole.

L'uvetta è molto ricca di potassio, fosforo, sodio, calcio e magnesio, vitamine PP, B1, B2. L'uvetta si usa contro malattie come la febbre, anemia, e malattie ai reni o all'apparato digerente.

Valori nutritivi:

Calorie 109 g

Proteine 16 g

Carboidrati 7 g

Grasso 2 g

32. Cocktail proteico magro

Ingredienti:

Yogurt magro - 125 g

Latte scremato - 125 ml

Fragole surgelate - 50 g

Metodo di preparazione:

1. Mescolare tutti gli ingredienti in un frullatore fino ad ottenere un composto omogeneo.

2. È possibile aggiungere un cucchiaino di miele, se si desidera un cocktail più dolce.

Valori nutritivi:

Calorie 149

Proteine 25 g

Grasso 1 g

Carboidrati 11 g

33. Pane proteico al cioccolato

Ingredienti:

Proteine al cioccolato - 3 misurini

Farina di mandorle (o farina d'avena) - 1 tazza

Uovo - 2 pezzi

Arancia - 2 pezzi

Lievito - 1 cucchiaino

Yogurt magro - 1 cucchiaio

Cioccolato fuso amaro - 2 cucchiai

Metodo di preparazione:

1. Mescolare accuratamente gli ingredienti liquidi: uova, arancia, yogurt e cioccolato fuso.

2. Mescolare gli ingredienti secchi; mescolare i due composti.

3. Preriscaldare il forno a 160° C.

4. Versare l'impasto nella teglia (quadrata, rettangolare o rotonda) e mettere in forno per 45 minuti.

È possibile spolverare il pane con un po' di zucchero a velo. Ottimo per la colazione o per l'ora del tè.

Valori nutritivi:

Calorie 190

Proteine 16 g

Grasso 5 g

Carboidrati 22 g

34. Barretta proteica alle fragole

Ingredienti:

Per la pasta base:

Barretta dolce con il gusto di fragola - 1 pezzo

Burro di arachidi - 2 cucchiai

Nocciole - 0,5 tazza (mandorle, noci, arachidi, ecc.)

Per il ripieno:

Yogurt a basso contenuto di grassi - 500 g

Proteine alla vaniglia - 0,5 tazza

Albume d'uovo - 1 tazza

Fragole fresche a fette - 0,5 tazza (o qualsiasi altro frutto di bosco)

Metodo di preparazione:

1. Riscaldare la barretta in un forno a microonde per 10-15 minuti fino a renderla morbida; mescolare insieme gli ingredienti per la pasta di base fino ad ottenere una pastella.

2. Lavorare l'impasto in modo che possa coprire il fondo della teglia.

3. Preparare il ripieno mescolando yogurt, proteine di vaniglia ed albumi.

4. Versare il ripieno sulla pasta base e coprire con uno strato di marmellata di fragole.

5. Cuocere la torta per circa 40-50 minuti a 160° C fino a che non diventa un po' marroncina ai lati e rimane morbida all'interno e al centro. Non cuocere eccessivamente la torta, dovrebbe rimanere morbida, e si lavorerà più facilmente dopo il raffreddamento.

6. Lasciare la torta in frigorifero per 2 ore.

7. Voilà! Servire la torta di formaggio, senza dimenticare di decorarla con frutti di bosco freschi e preparare una tazza di tè e ... buon appetito!

Valori nutrizionali per una fetta / porzione:

Calorie 170

Proteine 17 g

Carboidrati 9 g

Grassi 8 g

35. Barretta di cioccolato

Ingredienti:

Muesli senza zucchero - 35 g

Caseina alla vaniglia - 35 g

Caseina al cioccolato - 25 g

Cacao in polvere - 2 cucchiai

Fibra alimentare - 10 g

Noci - 15 g

Farina d'avena - 70 g

Yogurt magro - 120 g

Cannella - 1 cucchiaino

80% di cioccolato - 20 g

Dolcificante liquido - poche gocce (è possibile utilizzare qualsiasi altro dolcificante)

Metodo di preparazione:

1. Mescolare tutti gli ingredienti insieme fino ad ottenere un composto omogeneo e formare le barrette quadrate.

2. Sciogliere il cioccolato e stenderlo sulle barrette; mettere le barrette in frigorifero.

È possibile spolverare un po' di arachidi sulla parte superiore, a piacere.

Valori nutritivi:

Calorie 274

Proteine 22 g

Carboidrati 24 g

Grasso 9 g

36. Barretta proteica con arachidi

Ingredienti:

Arachidi senza grassi aggiunti - 1/3 di tazza

Proteine alla vaniglia - 1/3 di tazza

Latte di mandorla o di cocco - 1/4 di tazza

Mandorle - 1/3 di tazza

Farina di cocco - 2 cucchiai

Cioccolato amaro 80% - 3-4 pezzi

Metodo di preparazione:

1. Mescolare tutti gli ingredienti, tranne il cioccolato, in una ciotola fino a che si riesce ad impastare il composto con le mani. Se è troppo liquido o colloso aggiungere altra farina di cocco.

2. Tagliare la pasta in rettangoli.

3. Sciogliere il cioccolato a bagnomaria e immergere le barrette nel cioccolato; metterle su di un vassoio di silicone ricoperto di carta stagnola - manterrà il cioccolato compatto.

Può essere un meraviglioso dessert per una pausa tè al lavoro o tra amici!

Valori nutritivi:

Calorie 197

Proteine 18 g

Carboidrati 9 g

Grasso 10 g

37. Barretta proteica francese

Ingredienti:

Proteine alla vaniglia - 1/4 di tazza

Fiocchi di cocco - 1/4 di tazza

Dolcificante liquido / miele 1 cucchiaio

Latte di cocco o di mandorle - 1/8 tazza

Mandorle - 3/8 tazza

Cioccolato fondente - 3-4 pezzi

Metodo di preparazione:

1. Utilizzando un cucchiaio o una spatola mescolare tutti gli ingredienti in una ciotola. Se l'impasto è troppo appiccicoso, aggiungere un po' di mandorle.

2. Dividete l'impasto in 4 palle che diventeranno dei rettangoli.

3. Quando le barrette sono formate, sciogliere il cioccolato a bagnomaria.

4. Posizionare le barrette nel cioccolato fuso in modo che siano completamente coperte.

5. Toglierle e metterle su un foglio di carta, quindi riporle nel frigorifero per 1-2 ore.

Valori nutrizionali per 2 barrette:

Calorie 382

Proteine 22 g

Carboidrati 7 g

Grasso 14 g

38. Muffin al caffè

Ingredienti:

Uova - 2 pezzi

Cagliata magra - 150 g

Crusca d'avena - 2 cucchiai

Proteine al cioccolato - 2 misurini

Lievito in polvere - 1 bustina

Caffè solubile - 2 cucchiaini

Sciroppo di vaniglia - 2 cucchiai

Dolcificante / miele - a vostro gusto

Metodo di preparazione:

1. Sbattere le uova con la cagliata.

2. Passo dopo passo aggiungere il resto degli ingredienti e mescolare tutto insieme.

3. Preriscaldare il forno a 170° C.

4. Mettere il composto in forme da muffin e infornare a 170° C per mezz'ora.

I fiocchi di avena vengono utilizzati per ripulire l'intestino, per eliminare le tossine e le scorie, per la disintossicazione dell'organismo. I fiocchi di avena riducono il livello di colesterolo, rafforzano il sistema immunitario, sono molto utili per il sistema cardiaco-vascolare e sono utilizzati contro il diabete pancreatico.

I fiocchi di avena contengono molte vitamine come B1, B5, B9, E, K, e minerali come fosforo, potassio, magnesio, calcio, selenio, rame, ferro, zinco, ecc.

Valori nutritivi per 100 g:

Calorie 177

Proteine 20 g

Carboidrati 10 g

Grasso 4 g

39. Barretta proteica alla banana

Ingredienti:

Farina d'avena - 1 tazza

Proteine alla banana - 5 cucchiai

Latte in polvere scremato - 1/2 tazza

Formaggio light - 1/4 di tazza

Albume d'uovo - 2 pezzi

Banana - 1 pezzo

Mirtilli - 1 tazza

Acqua - 1/4 di tazza

Olio di colza per lo stampo - 3 cucchiaini

Metodo di preparazione:

1. Preriscaldare il forno a 160° C.

2. Mescolare farina d'avena, proteine in polvere e latte in polvere.

3. In una ciotola a parte mescolare crema di formaggio, albume d'uovo, banana, mirtilli, acqua e olio.

4. Ungere la teglia.

5. Mescolare tutti gli ingredienti insieme accuratamente con un miscelatore.

6. Versare il composto in una teglia quadrata, mettere la teglia nel forno e cuocere le barrette per 25-30 minuti.

In tutto si formeranno circa 7 deliziose e nutrienti barrette.

Valori nutritivi per barretta:

Calorie 180

Proteine 18 g

Carboidrati 20 g

Grasso 3 g

40. Barretta proteica alla vaniglia

Ingredienti:

Farina d'avena - 2 tazze

Proteine alla vaniglia o cioccolato - 4 cucchiai

Latte scremato in polvere - 1 tazza

Sciroppo d'acero - 1 tazza

Succo d'arancia naturale - 1/4 di tazza

Vanillina - 1 cucchiaino

Albume d'uovo – 2 pezzi

Olio di colza per lo stampo - 3 cucchiaini

Metodo di preparazione:

1. Preriscaldare il forno a 160° C.

2. Mescolare farina d'avena, proteine e latte in polvere in una ciotola.

3. In un'altra ciotola mescolare il resto degli ingredienti.

4. Ingrassare la teglia quadrata con olio di colza.

5. Utilizzando un mixer, mescolare insieme tutti gli ingredienti.

6. Versare l'impasto nella teglia, infornare e cuocere fino a doratura, circa 20-30 minuti.

Infine ci saranno circa 9 deliziose barrette.

Valori nutritivi per barretta:

Calorie 195

Proteine 15 g

Carboidrati 27 g

Grasso 3 g

41. "Power-Punch" barretta proteica

Ingredienti:

Farina d'avena - 1/2 tazza

Farina di frumento o di fiocchi di avena - 1/2 tazza

Proteine alla vaniglia - 6 cucchiai

Latte scremato in polvere - 1 tazza

Semi di lino - 2 cucchiai

Semi di girasole - 2 cucchiai

Nocciole - 1/4 di tazza

Frutta secca - 1/4 di tazza

Burro di arachidi - 1/3 di tazza

Vanillina - 2 cucchiaini

Acqua - 1/2 tazza

Metodo di preparazione:

1. Mescolare in una ciotola farina d'avena, fiocchi di avena, proteine, latte in polvere, semi, noci e frutta secca.

2. Quindi aggiungere il burro di arachidi, vanillina e acqua, e mescolare accuratamente.

3. Versare la pastella in un piatto adeguato e metterla in frigorifero per circa un'ora a compattarsi.

Valori nutritivi per barretta:

Calorie 304

Proteine 26 g

Carboidrati 23 g

Grasso 12 g

42. Frullato al cocco

Ingredienti:

Latte di mandorla - 300 ml

Cagliata - 300 g

Cacao - 2-3 cucchiai

Noci - 10 pezzi

Polvere di cocco - 1 pizzico

Metodo di preparazione:

1. Mettere tutti gli ingredienti nel frullatore e mescolare accuratamente per circa 7-10 minuti.

Le noci sono molto ricche di vitamine PP, A, B1, B2, B5, B6, B9, C, E, K, e minerali come fosforo, potassio, calcio, magnesio, zolfo, zinco, rame, fluoro, iodio, e molti altri.

Valori nutritivi:

Calorie 730

Proteine 62,5 g

Carboidrati 21 g

Grassi 36,5 g

43. Frullato proteico alla banana

Ingredienti:

Latte scremato - 1 tazza

Proteine del siero - 1 cucchiaio

Banana - 1 pezzo

Olio - 1 cucchiaio

Metodo di preparazione:

1. Mettere tutti gli ingredienti nel frullatore e mescolare accuratamente.

Per questo cocktail è possibile utilizzare anche l'olio di cacao senza dolcificante e agenti aromatizzanti, o olio d'oliva.

Valori nutritivi:

Calorie 461

Proteine 37 g

Carboidrati 46 g

Grasso 16 g

44. Frullato proteico fatto in casa

Ingredienti:

Proteine del siero al cacao - 1 cucchiaio

Latte scremato - 1 tazza

Mandorle - 1/2 tazza

Barretta al cioccolato - 1/2 pezzo

Metodo di preparazione:

1. Mescolare le proteine e il latte nel frullatore.

2. Quindi spolverare di mandorle tritate e di barretta al cioccolato.

Valori nutritivi:

Calorie 457

Proteine 39 g

Carboidrati 41 g

Grasso 17 g

Fibra alimentare 8 g

45. Bevanda proteica alla pesca

Ingredienti:

Proteine del siero alla vaniglia - 1 cucchiaio

Acqua - 1 tazza

Farina d'avena istantanea - 1 bustina

Pesche in scatola - 1/2 confezione

Metodo di preparazione:

1. Mescolare tutti gli ingredienti in un frullatore fino ad ottenere una miscela omogenea.

La farina d'avena è molto ricca di fibra alimentare. In alternativa, si possono utilizzare i corn-flakes.

Valori nutritivi:

Calorie 306

Proteine 24 g

Carboidrati 49 g

Grasso 2 g

Fibra alimentare 2 g

46. Mix di proteine fatto in casa

Ingredienti:

Proteine del siero alla vaniglia - 1 cucchiaio

Succo d'arancia - 1 tazza

Yogurt magro alla vaniglia - 1/2 tazza

Metodo di preparazione:

1. Mescolare tutti gli ingredienti in un frullatore.

L'arancia è ricca di vitamina C, B9, PP, E, A, e minerali quali potassio, fosforo, calcio, rame, iodio, boro, ecc.

Valori nutritivi:

Calorie 280

Proteine 27 g

Carboidrati 43 g

Grasso 1 g

Fibra alimentare 2 g

47. Mix di proteine alla vaniglia fatto in casa

Ingredienti:

Caseina alla vaniglia - 1 cucchiaio

Proteine del siero alla vaniglia - 1 cucchiaio

Latte alla vaniglia - 1/2 tazza

Yogurt magro alla vaniglia - 1/2 tazza

Metodo di preparazione:

1. Mescolare in una ciotola la proteina e lo yogurt fino ad ottenere una miscela omogenea.

2. Versare il latte in un bicchiere grande e aggiungere la miscela di proteine e yogurt, mescolare con cura.

Non vi è alcuna necessità di utilizzare un miscelatore perché proteine e yogurt sono già mescolati a parte.

Valori nutritivi:

Calorie 443

Proteine 48 g

Carboidrati 61 g

Grasso 1 g

48. Bevanda proteica kiwi e miele

Ingredienti:

Latte di mandorla - 300 ml

Kefir a basso contenuto di grassi - 200 ml

Kiwi - 1 pezzo

Miele - 1-2 cucchiai

Metodo di preparazione:

1. Mescolare tutti gli ingredienti con un frullatore.

Il kiwi è ricco di vitamine A, B9, C, PP, B6, e minerali come potassio, calcio, magnesio, fosforo, cloro, zolfo, iodio, rame, fluoro, boro, alluminio, ecc.

Valori nutritivi:

Calorie 265

Proteine 21 g

Carboidrati 17 g

Grasso 10 g

49. Frullato proteico al lampone

Ingredienti:

Latte - 200 ml

Yogurt naturale senza zucchero e senza grassi - 200 ml

Lamponi - 100 g (freschi o congelati)

Metodo di preparazione:

1. Tritare i lamponi.

2. In un frullatore mescolare il latte e lo yogurt, quindi aggiungere i lamponi tritati.

Utilizzare po' di miele, per un cocktail più dolce.

I lamponi sono ricchi di vitamine A, B9, H, C, PP, E, B5 e minerali come potassio, calcio, magnesio, sodio, fosforo, cloro, ecc.

I lamponi sono utilizzati per ridurre la febbre, per fermare l'emorragia e ridurre le tossine.

Valori nutritivi:

Calorie 224

Proteine 17 g

Carboidrati 24 g

Grasso 6 g

50. Frullato proteico al mandarino

Ingredienti:

Latte - 400 ml

Kefir a basso contenuto di grassi - 125 ml

Mandarini - 2 pezzi

Olio di lino - 1 cucchiaino

Metodo di preparazione:

1. Tagliare i mandarini.

2. Mescolare in un frullatore latte, kefir ed olio, aggiungere i mandarini affettati.

I mandarini sono ricchi di vitamine A, D, K, C, PP, e minerali quali potassio, calcio, magnesio, sodio e fosforo.

I mandarini sono davvero dissetanti e contengono un'alta quantità di acido ascorbico; riducono parzialmente la febbre in caso di malattia.

Valori nutritivi:

Calorie 280

Proteine 21,5 g

Carboidrati 18 g

Grassi 11,5 g

ALTRI GRANDI TITOLI DELL'AUTORE

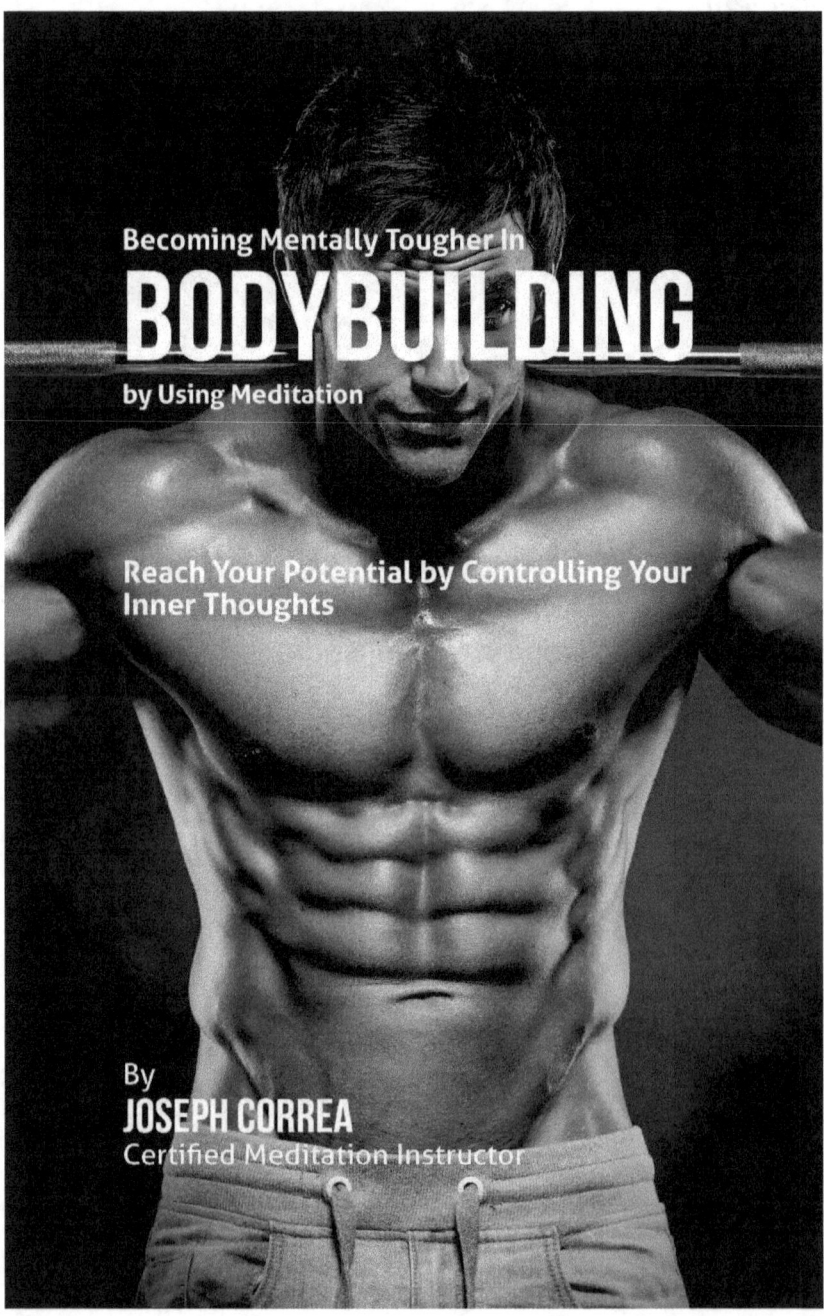

www.ingramcontent.com/pod-product-compliance
Lightning Source LLC
Chambersburg PA
CBHW071749080526
44588CB00013B/2195